Walter Hanel

Denkschule für Demokratie
Politische Zeichnungen

Herausgegeben von
Werner Ludwig
Gerhard Geurts

Heider

Inhalt

Anstelle eines Vorwortes

Die Bildung

Die Politik

Die Reformen

Die Gesellschaft

Die Technik

Personen

Anstelle eines Vorwortes

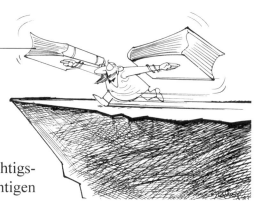

Denkschule für Demokratie

Politische Erwachsenenbildung gehört bis heute zu den wichtigsten Voraussetzungen und Bedingungen einer funktionstüchtigen und entfaltungsfähigen Demokratie.
Als vitales und vitalisierendes Element der politischen Kultur ist sie eine Art Organ des Diskurses, ein Ort von Begegnung und Bewegung, ein Ort kritischer Auseinandersetzung, ein Ort der Orientierung, Kultur und Lebensqualität.

Mit der Ausstellung der politischen Zeichnungen von Walter Hanel unter dem Titel ‚Denkschule für Demokratie' ist in der Volkshochschule ein außergewöhnliches, attraktives Angebot entstanden, das aufgrund seiner Qualität und Bedeutung als Wanderausstellung in vielen Einrichtungen der Erwachsenenbildung zu sehen sein wird.

Mit den politischen Zeichnungen von Walter Hanel werden Karikaturen gezeigt, die an den Inhalten und Konzepten der Erwachsenenbildung orientiert sind.
Der Filigranakrobat, wie Walter Hanel einmal genannt wurde, hat sich bei diesen Zeichnungen auf das Wesentliche beschränkt mit dem Anspruch, sich am humanistischen Bildungsgehalt, an der Aufklärung zu orientieren. Er will damit nicht belehren, sondern mit seinen sachlichen Cartoons die Dinge auf den Punkt bringen. Eine Kunst, die bei der Flut von Bilderwelten und Informationsmüll oft verloren geht. Bei seinen Zeichnungen kann man nichts wegnehmen, man kann aber auch nichts hinzufügen. Walter Hanel hat das Stilmittel der Karikatur, die Pointierung, die Plastizität, die Paradoxie und Ironie sowie Witz und Individuation in jeder Zeichnung zu einem Meisterwerk zusammengeführt. Und stets ist seine Maxime: Weniger ist mehr. Besonders markant ist der Humor von Walter Hanel, dem oft ein „heiter-distanziertes über den Sachen-Stehen" innewohnt. Und dennoch fühlt man gleichsam, dass hinter den Zeichnungen Engagement und Herzblut stehen. Sie sind Anstöße, sind Hinweise, Denkzeichen, Problemmel-

der. Stets stehen sie im Fokus der Elementaraussagen. Walter Hanels Zeichnungen haben Wirkkraft und Gültigkeit über den Tag hinaus, was die Bandbreite seiner Werke über 30 Jahre hinaus bestätigt.

Ich darf mich bei Walter Hanel sehr herzlich bedanken, dass er der Volkshochschule Bergisch Gladbach und dem Förderverein diese ungewöhnliche Ausstellung zur Verfügung stellt. Ich wünsche der Ausstellung den angestrebten Diskurs, viele, viele Besucher und eine erfolgreiche Reise durch viele andere Volkshochschulen unseres Landes. Sie hat es mehr als verdient.

Maria Theresia Opladen

„Zum Sehen geboren, zum Schauen bestellt" darin sieht J. W. von Goethe eine Aufgabe des Menschen. Die Karikaturen von Walter Hanel verlangen ebenso ein genaues Hinsehen, und durch das Anschauen führen sie zu einem Entdecken von politischen Zusammenhängen, die an persönliche Erfahrungen und Erlebnisse anknüpfen. Insofern leiten Hanels Zeichnungen an zum nachdenklichen Betrachten über individuelle und gesellschaftliche Gegebenheiten, die der Veränderung bedürfen. Ein Über-Denken von vielfältigen Lebenssituationen vermittelt schließlich nicht nur neue Einsichten, sondern bewirkt auch veränderte Verhaltensweisen. Daraus resultieren nicht zuletzt Anteilnahme und Engagement an öffentlichen Angelegenheiten sowie der Wille zur Mitgestaltung kommunalen Lebens.

Gerhard Geurts

In der verwirrenden, tendenziösen und zunehmend hämischen Kommentierung von Politik, sind Hanels Karikaturen gleich bleibend gute, seriöse und gleichwohl kritische Kommentare einer Politik, die versucht, der veröffentlichten Meinung hinterherzulaufen.

In einer Zeit, in der uns die „großen Botschaften" und Visionen offenbar abhanden gekommen sind, in der Pragmatismus die Programmatik abzulösen beginnt, sind „kleine Botschaften" gefragt, keine Evangelien, eher Stoßgebete.

Hanels Karikaturen sind nachdenkliche, prägnante Kommentare von bissiger Ironie, nicht von beißendem Zynismus.

Ernst Küchler, MdB

Bekanntlich sagen Bilder mehr als 1 000 Worte. Diese Volksweisheit gilt für die Karikaturen von Walter Hanel in ganz besonderer Weise. Mal lassen sie uns schmunzeln, mal machen sie uns nachdenklich, mal rütteln sie auf. Spielend kann eine gute Karikatur einen langen Kommentar ersetzen.
Walter Hanels Karikaturen haben ihren festen Platz in der deutschen Zeitungslandschaft. Der gebürtige Böhme Hanel hält vor allem uns Politikern gerne den Spiegel vor die Nase. Dabei stürzt er sich mit seiner spitzen Feder angriffslustig auf das politische Tagesgeschehen, um es mit ein paar Strichen zu kommentieren – spöttisch, provokant, aber immer brillant – im besten Sinne journalistisch. Sein Zeichenstift dringt stets an die Ursachen der Missstände, legt menschliche Schwächen und Ungerechtigkeit bloß.
Karikaturisten übertreiben bekanntlich gern – das ist auch gut so! Vielleicht würden wir sonst so manchen Fingerzeig gar nicht erblicken. So präzisiert die Karikatur die Wahrheit durch Übertreibung. Die Karikatur hat aber auch Herz und übt sich in Nachsicht gegenüber dem Schwachen, stellt sich auf seine Seite. Unnachgiebig zeigt sie sich gegenüber Ungerechtigkeit und Machtmissbrauch.
Karikaturen sind das sichtbar schlechte Gewissen der Gesellschaft, mitunter machen sie auch Politikern ein schlechtes Gewissen. Durch ihre Opposition mit dem Zeichenstift sind sie ein wichtiges Regulativ in unserer Demokratie.

Wolfgang Bosbach, MdB

Walter Hanel bringt Zeitgeschehen auf den Punkt. In unserer medialen Welt, in der Nachrichten immer mehr zu Meldungen werden und immer weniger helfen, Zusammenhänge zu verstehen und zu bewerten, führt uns Walter Hanel mit wenigen gekonnten Strichen zu des Pudels Kern.

Für mich sind seine Zeichnungen politische Karikaturen allerersten Ranges. Sie sind das ästhetische Element in der Denkschule der Demokratie, das die Sinne genauso anspricht wie es zum Denken anregt.

Was mir besonders gefällt: Walter Hanel setzt nicht den schweren Säbel ein. Er schlägt keine Wunden, verletzt nicht und macht nicht lächerlich. Er ist der Meister des feinen Striches, der das Tagesgeschehen – oft bis zum Symbol verdichtet – auf den Punkt bringt.

Wer sich dem melancholischen Humor mehr verbunden fühlt als plumpem Spott und wem treffender Witz mehr liegt als moralinsaures Besserwissen, den werden Walter Hanels Zeichnungen faszinieren.

Harald Schartau

Was macht aus einem überaus begabten Zeichner einen politischen Karikaturisten vom Rang eines Walter Hanels?

Um in der Branche der politischen Karikaturisten herauszustechen, reicht es eben nicht, nur gut zeichnen oder malen zu können. Es gehört mehr dazu: politisches Verständnis, Gespür, eine rasche Auffassungsgabe, Ideenreichtum. Die Gabe, komplexe Themengebiete und unübersichtliche Zusammenhänge mit vergleichsweise wenigen Strichen darzustellen. – Den allerwenigsten heute tätigen Karikaturisten gelingt dies.

Wer sich die Bilder und Zeichnungen Walter Hanels über die Jahre hinweg anschaut, wird feststellen, dass er einer der wenigen ist, der all diese Voraussetzungen in sich vereint. Seine Werke sind schlicht und einfach, jedoch erzählt jedes die Geschichte, die Hanel ihm zugedacht hat. Sie sind pointiert und überzeugend, teilweise genial. Oftmals muss man sich eingestehen: „Auf diese Idee wärst du nie gekommen." Sie regen zum Nachdenken über Menschen und Situationen nach. Sie fordern den Betrachter und erwarten von ihm, sich mit ihnen auseinander zu setzen. Es ist deshalb gut, dass Hanel das macht, was er kann.

Dr. Jürgen Rüttgers, MdL

Die Kunst der Karikatur, die Satire, ist nach Saul Steinberg „das zivilisierendste Element einer Kultur. Sie ist Kritik. Sie ist gesund. Sie bringt Leute zum Sehen."

Es steht das Sehen zuerst, dem das Denken folgt, wenn man Glück hat, wobei Curt Goetz so seine Erfahrungen gemacht hat, wenn er behauptete: „Allen ist das Denken erlaubt, vielen bleibt es erspart."

Und genau da setzen die Karikaturen von Walter Hanel an. Er erspart uns das sehende Denken nicht. Also doch eine Denkschule? Mehr noch „Karikatur muss die Freiheit haben, alles zu sagen, damit gewissen Leuten die Freiheit genommen wird, alles zu tun", lautet die Definition eines klugen Mannes. Karikatur also als das veranschaulichte Prinzip Demokratie?

Die Karikatur ist Walter Hanels Beitrag zur täglichen Standortdebatte, glücklicherweise und unverzichtbar. Ein Künstler ist an die dem Berufsstand eigene kritische Beobachtung gebunden und nicht an Parteilichkeit. Er ist Bürger, d. h. Verbraucher, Rentner, Versicherungsnehmer, Wähler, Steuerzahler und Patient, wie jener Herr Michel aus Deutschland, Protagonist zahlreicher Zeichnungen dieses Karikaturisten, dem Regierung wie Opposition zu Motiv und Motivation geraten.

Gisela Burkamp

Lesen will gelernt sein; das weiß man nicht erst seit PISA. Die lange Geschichte der Karikatur wird seit der Antike über das Mittelalter bis in die Neuzeit durch eine einzige Frage bestimmt: Bedeutet das Italienische caricare „laden" oder „überladen"; ist eine Karikatur eine vielseitig interpretierbare, semantisch „geladene" Darstellung oder, wie es oft in Wörterbüchern heißt, ein „Zerrbild", mit dem man „attackiert" oder gar „schießt"? Welche Inhalte ruft eine Zeichnung bei der Lektüre in Erinnerung, und welche Konnotationen löst sie aus? Eine Karikatur „lesen" bedeutet also, zwischen „Verzerrung der Wirklichkeit" und „Wiedergabe des wahren Kerns" unterscheiden zu lernen. Die Lektüre der Karikaturen von Walter Hanel, einem Meister der politischen Zeichnung, ist eine besondere Herausforderung zur aktiven Beteiligung des Betrachters am Kommunikationsprozess. In diesem Sinne wünsche ich den „Leserinnen und Lesern" der folgenden

Seiten und der Ausstellung „Denkschule für Demokratie" eine spannende Gratwanderung durch das Abenteuer „Karikatur".
Mit vielen Grüßen von

Prof. Dr. Albert Raasch

Die Volkshochschulen sind ein wichtiger Ort des politischen Diskurses in der Erwachsenenbildung. Sie bieten eine Plattform, für die es gilt, immer wieder neu über demokratisches Verhalten in unserer Gesellschaft nachzudenken und den „Wertekompass" einzustellen.
Der Künstler Walter Hanel beherrscht die „Sprache" des politischen Diskurses in besonderer Weise. Seine Zeichenfeder legt in wenigen Strichen jene Inhalte bloß, die es zu diskutieren gilt. Seine Aussagen sind plakativ und feinsinnig, feststellend und widersprüchlich, herausfordernd und nachdenklich stimmend, sie sind Lehrstunden der politischen Bildung. Die Auseinandersetzung mit seinen Karikaturen ist deshalb eine lohnenswerte Aufgabe der politischen Bildung an Volkshochschulen.

Dr. Heinz-Jörg Eckhold, MdL

Die Bildung

Kostprobe

Weiterdenken.
Weiterforschen.
Weiterexperimentieren.

Für die Reinheit
der Gemüse.
Für die Gesundheit
der Kälber, Schweine
und Rinder.

Um natürliche Kost
zu garantieren
für unsere
synthetischen Kinder.

Dieter Höss

Demokratie will gelernt sein, um gelebt werden zu können.

Kurt Gerhard Fischer

An allen Unfug, der passiert, sind nicht etwa nur die schuld,
die ihn tun, sondern auch die, die ihn nicht verhindern.

Erich Kästner

Phantasie ist wichtiger als Wissen, denn Wissen ist begrenzt.

Albert Einstein

Phantasie ist wichtiger als Wissen, denn Wissen ist begrenzt.
Albert Einstein

„Ich finde die Einsparungen im Kultur-Etat beängstigend."

Ökonomisierung als neuer Bildungsbegriff

Politik

Neufassung GG

Die Würde
des Gartenzwergs
ist unantastbar.

Alles weitere
regelt ein
bissiger Hund.

Dieter Höss

Politik – ein ständiges Bohren von dicken Brettern

Max Weber

... Wäre es nicht doch einfacher, die Regierung löste das Volk auf und wählte sich ein anderes?

Bert Brecht

Langer Prozess

Ausgefressen
ist noch nicht
ausgegessen
ist noch nicht
aufgeflogen
ist noch nicht
eingestanden
ist noch nicht
ausgestanden
ist noch nicht
eingesessen
ist noch nicht
abgesessen.

Dieter Höss

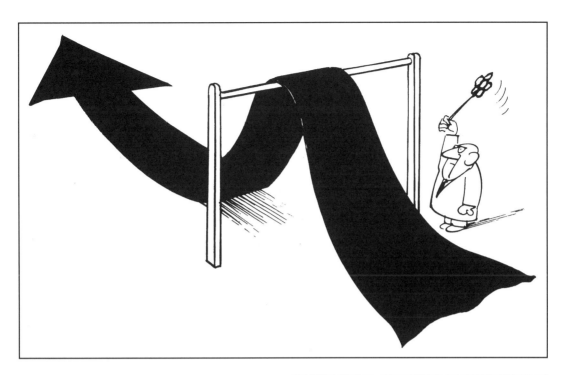

27

Reformen

Sie: Du toller Wicht ... Gesteh nur offen, man hat dich auf manchem Fehler betroffen.
Ich: Jawohl, doch macht ich ihn wieder gut!
Sie: Ei, wie denn?
Ich: Ei, wie's ein jeder tut!
Sie: Wie hast du das denn angefangen?
Ich: Ich habe einen neuen Fehler begangen. Darauf waren die Leute so versessen, dass sie den alten glatt vergessen.

Goethe

Wer sein Ziel nicht kennt, muss sich wundern,
wenn er dort ankommt, wohin er nicht will.

Robert Mager

„Und wie viel Jahre stehen Sie schon hier, wenn ich höflich fragen darf?"

Die Bonner Reformmaschine

„Melken sollst du IHN, nicht fressen!"

„Alles klar Schatz, die heutige Schilderung der Finanzlage ist vorbei ..."

Ausländer raus!

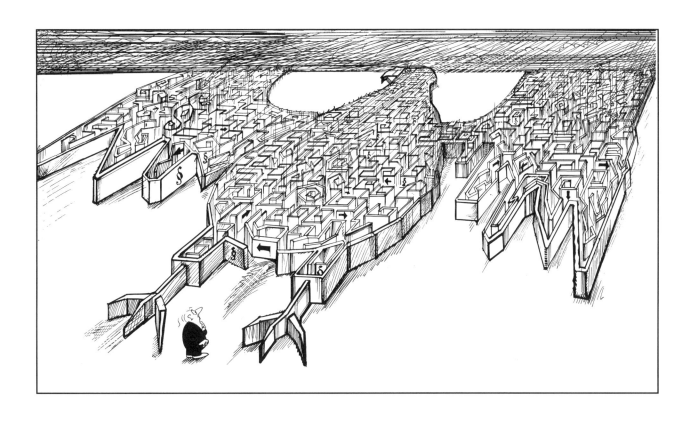

Die Gesellschaft

Hörfehler

Die Phonzahl entscheidet nie,
wenn die Melodie
den Ohren der Mehrheit vertraut ist.
Gewöhnung ermächtigt.

Darum, wenn es in Deutschland mal laut ist,
wird immer der Rufer nach Demokratie
des ruhestörenden Lärmens verdächtigt.
Die lärmenden Rufer
nach Ruhe und Ordnung nie.

Dieter Höss

Im Unterschied zu allen früheren Kulturen und gesellschaftlichen Entwicklungsphasen, die sich in vielfältiger Weise Bedrohungen gegenübersahen, ist die Gesellschaft heute im Umgang mit Risiken mit sich selbst konfrontiert.

Ulrich Beck in: Risikogesellschaft

Entwicklungsstufen des Menschen

Die Technik

Die schlimmstmögliche Wendung ist nicht voraussehbar.
Sie tritt durch Zufall ein.

Der Inhalt der Physik geht die Physiker an,
die Auswirkungen alle Menschen.

Was alle angeht, können nur alle lösen.

Friedrich Dürrenmatt in: Die Physiker

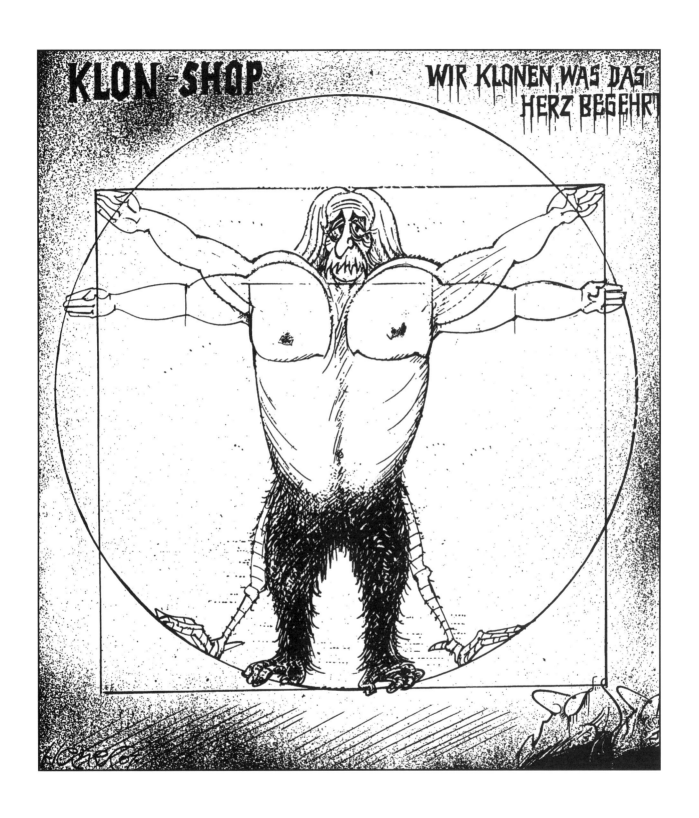

„Leonardo würde sich im Grabe umdrehen!"

Der 8. Schöpfungstag

Umweltbewusst

Wir helfen
Waldbrände verhüten.
Wir stellen
von dem Wald
Streichhölzer her.

Dieter Höss

Die Pest um Brest

Öde Strände. Leere Netze.
Tote Bänke rings um Brest.
Der Profit schreibt die Gesetze.
Öl ist Geld. Nach uns die Pest.

Geht ihr baden im Atlantik,
schwimmt im Goldstrom unsereins.
Öl ist Geld, und für Romantik
und Gefühle kriegt ihr keins.

Um die Austern ist's nicht schade.
Standen uns bis obenhin.
Und Bretagne ist gerade
für uns sowieso nicht „in".

Dieter Höss

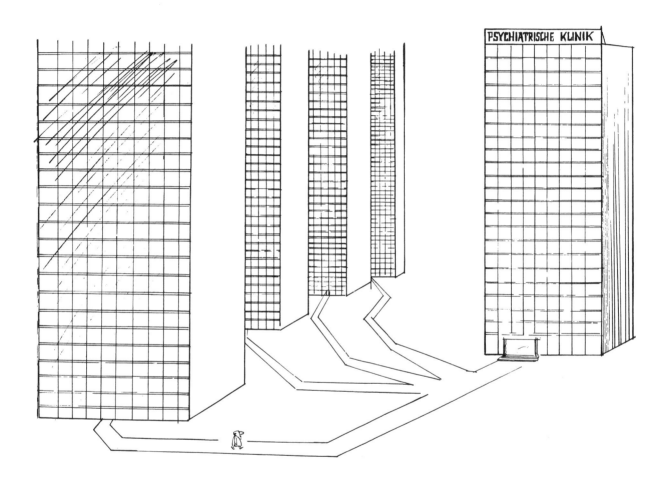

„... und dann habe ich mir gedacht, du musst dem Ganzen
eine menschliche Note geben ..."

aus: Der Zauberlehrling

Hat der alte Hexenmeister
sich doch einmal wegbegeben!
Und nun sollen seine Geister
auch nach meinem Willen leben.
Seine Wort und Werke
merkt ich und den Brauch,
und mit Geistesstärke
tu ich Wunder auch.
...

Herr und Meister, hör mich rufen! –
Ach, da kommt der Meister!
Herr, die Not ist groß!
Die ich rief, die Geister,
werd ich nun nicht los.
„In die Ecke,
Besen! Besen!
Seids gewesen!
Denn als Geister
ruft euch nur, zu seinem Zwecke,
erst hervor der alte Meister."

Johann Wolfgang von Goethe

„Eines Tages werde ich DIR ebenbürtig sein ..."

1.

2.

3.

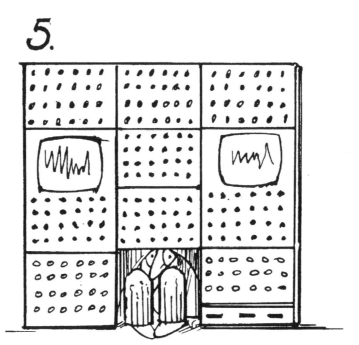

6.

Der Fortschritt ist unaufhaltsam.

Textbeiträge

Maria Theresia Opladen
Bürgermeisterin der Stadt Bergisch Gladbach

Gerhard Geurts
Vorsitzender des Fördervereins
der Volkshochschule Bergisch Gladbach

Ernst Küchler, MdB
Vorsitzender des Deutschen Volkshochschulverbandes (DVV)

Wolfgang Bosbach, MdB
Bergisch Gladbach

Harald Schartau
Minister für Wirtschaft und Arbeit
des Landes Nordrhein-Westfalen

Dr. Jürgen Rüttgers, MdL
Bundesminister a. D., Landes- und Fraktionsvorsitzender
der CDU Nordrhein-Westfalen

Gisela Burkamp
Journalistin, Kunstkritikerin

Prof. Dr. Albert Raasch,
Pädagogischer Ausschuss des DVV

Dr. Heinz-Jörg Eckhold, MdL
Vorsitzender des Ausschusses für Schule und Weiterbildung
des Landes Nordrhein-Westfalen

Dieter Höss
Satiriker und Essayist

Walter Hanel, geboren am 14. September 1930 in Teplitz-Schönau im heutigen Tschechien, wo er auch den größten Teil seiner Kindheit verbrachte. 1945 überlebte er den Luftangriff auf Dresden und kam später auf Umwegen nach Köln. 1953 Beginn eines Graphikstudiums an der Kölner Werkkunstschule, die er später als Meisterschüler verließ. Sein großes Interesse galt damals der Kaltnadelradierung. Erste satirische Zeichnungen und Veröffentlichungen in verschiedenen Zeitungen und Zeitschriften, unter anderem im „Simplicissimus" und in „pardon". 1962 Mitarbeit beim Westdeutschen Rundfunk, vorwiegend fürs Kinderprogramm. 1965 begann er politische, tagesaktuelle Karikaturen zu zeichnen, insbesondere für die Wochenzeitung „Rheinischer Merkur/Christ und Welt", für den Kölner Stadt-Anzeiger" und für die „Frankfurter Allgemeine Zeitung". Seine Karikaturen werden in verschiedenen Ausstellungen im In- und Ausland gezeigt.

**Bibliografische Information
der Deutschen Bibliothek**

Die Deutsche Bibliothek verzeichnet diese Publikation in der Deutschen Nationalbibliografie; detaillierte bibliografische Daten sind im Internet über http://dnb.ddb.de abrufbar.

ISBN 3-87314-388-7
Joh. Heider Verlag GmbH, Bergisch Gladbach
Redaktion: Werner Ludwig

© Walter Hanel 2003
Gestaltung: Christoph Mentzel
Herstellung: Heider Druck GmbH, Bergisch Gladbach

Wir bedanken uns für Ihre freundliche Unterstützung:

Förderverein der Volkshochschule Bergisch Gladbach

Gefördert durch die Kulturstiftung der Kreissparkasse Köln

Kreissparkasse Köln